Quel animal a ceci?

LES OREILLES

MY CULLIFORD

n livre de la collection Les racines de Crabtree

Crabtree Publishing
crabtreebooks.com

Soutien de l'école à la maison pour les parents, les gardiens et les enseignants

Ce livre aide les enfants à se développer grâce à la pratique de la lecture. Voici quelques exemples de questions pour aider le lecteur ou la lectrice à développer ses capacités de compréhension. Les suggestions de réponses sont indiquées en rouge.

Avant la lecture :

- De quoi ce livre parle-t-il?
  - *Je pense que ce livre parle d'oreilles.*
  - *Je pense que ce livre parle d'animaux qui ont des oreilles.*
- Qu'est-ce que je veux apprendre sur ce sujet?
  - *Je veux savoir quel animal a les plus grandes oreilles du monde.*
  - *Je veux savoir pourquoi les animaux ont des oreilles.*

Pendant la lecture :

- Je me demande pourquoi...
  - *Je me demande pourquoi certains animaux ont des oreilles poilues.*
  - *Je me demande pourquoi les animaux ont des oreilles de différentes tailles.*
- Qu'est-ce que j'ai appris jusqu'à présent?
  - *J'ai appris que les éléphants ont de grandes oreilles.*
  - *J'ai appris que les oreilles des animaux peuvent avoir différentes formes.*

Après la lecture :

- Nomme quelques détails que tu as retenus.
  - *J'ai appris que les oreilles des animaux peuvent être de différentes couleurs.*
  - *J'ai appris que les gros animaux ont généralement de grandes oreilles.*
- Lis le livre à nouveau et cherche les mots de vocabulaire.
  - *Je vois le mot **oreilles** à la page 3 et le mot **hamster** à la page 4. Les autres mots de vocabulaire se trouvent à la page 14.*

Quel **animal** a ces petites **oreilles**?

Un **hamster**!

Quel animal a ces grandes oreilles?

Un **éléphant**!

Quel animal a ces oreilles noir et blanc?

Un **zèbre**!

Liste de mots

Mots courants

a	et	petites
blanc	grandes	quel
ces	noir	un

La boîte à mots

animal

éléphant

hamster

oreilles

zèbre

26 mots

Quel **animal** a ces petites **oreilles**?

Un **hamster**!

Quel animal a ces grandes oreilles?

Un **éléphant**!

Quel animal a ces oreilles noir et blanc?

Un **zèbre**!

Quel animal a ceci?
LES OREILLES

Autrice : Amy Culliford

Traduction : Translingua Associates, Inc.

Conception : Bobbie Houser

Développement de la série : James Earley

Correctrice : Kathy Middleton

Conseils pédagogiques : Marie Lemke, M. Éd.

Photographies :
Shutterstock : Ercan Uc : couverture; Tami Freed : p. 1;
Stock_shot : p. 3, 5, 14; Nora Yusuf : p. 7, 14; Isabelle
    Ohara : p. 8-9, 14; Plum Photography : p. 10;
NaturesMomentsuk : p. 13-14

Crabtree Publishing

crabtreebooks.com   1-800-387-7650

Copyright © 2023 Crabtree Publishing

Tous droits réservés. Aucune partie de cette publication ne doit être reproduite ou transmise sous aucune forme ni par aucun moyen, électronique, mécanique, par photocopie, enregistrement ou autrement, ou archivée dans un système de recherche documentaire, sans l'autorisation écrite de Crabtree Publishing Company. Au Canada : Nous reconnaissons l'appui financier du gouvernement du Canada par l'entremise du Fonds du livre du Canada pour nos activités de publication.

Publié au Canada
Crabtree Publishing
616 Welland Ave.
St. Catharines, ON, L2M 5V6

Publié aux États-Unis
Crabtree Publishing
347 Fifth Ave,
Suite 1402-145
New York, NY 10016

Library and Archives Canada Cataloguing in Publication
Available at Library and Archives Canada

Library of Congress Cataloging-in-Publication Data
Available at the Library of Congress

Paperback: 978-1-0396-8809-4
Ebook (pdf): 978-1-0396-9440-8
Epub: 978-1-0396-8842-1
Read Along: 978-1-0396-8872-8

Printed in Canada/042023/CPC20230419